Marion Jana Goeritz

Bunte Federstriche

Gedichte

Bibliografische Information der Deutschen Nationalbibliothek:

Die Deutsche Nationalbibliothek verzeichnet diese Publikation in der Deutschen Nationalbibliografie; detaillierte bibliografische Daten sind im Internet über http://dnb.dnb.de abrufbar.

Herstellung und Verlag: BoD – Books on Demand, Norderstedt

ISBN: 978-3-7481-0960-0

Herzlich Willkommen liebe Leser,

ein Federstrich zeigt nicht viel.

Mehrere könnten schon eine Skizze zeigen. In diesem Buch habe ich im übertragenen Sinn einige Federstriche getan, in dem ich meine Gedanken in mehrstrophiger Gedichtform zu Papier brachte. So habe ich kleine Geschichten skizziert in Form von Worten.

Viel Freude beim Lesen wünsche ich.

Herzlichst
Marion Jana Goeritz

Raketen

starten in die Höhe

Atomversuche durchgeführt

Wahnsinn

den es gar nicht geben sollte

einfach so ins Leben geholt

Technik

für die Zukunft bauen

doch welche Zukunft meinen sie

Panzer

rollen über Straßen

Soldaten

haben Schießbefehl

Gelder

fließen durch Schützengräben

wo Frauen ihren Liebsten sehen

Mütter

beten für den Frieden

und hoffen

es bleibt nicht nur ein Wort

Was

muss denn alles noch geschehen

damit wir lernen friedlich zu sein

wie viel Blut

wird noch vergossen

damit wir endlich mal verstehen

es gibt

so viel Leid auf dieser Erde

es existiert

so viel Geld auf dieser Welt

warum nur
verwenden wir es dann für Kriege
und nicht für Menschen
denen Nahrung fehlt

Wäre es nicht schön zu sehen
wie ein Papier den Frieden bringt
der nun endlich kommen darf
Blicke
schauen auf zum Himmel
wo weiße Tauben fliegen hoch
Panzer fahren in ein Museum
Kinder spielen
mit ihren Vätern laut
endlich nun ist Friedenszeit

❀

Des Wassers bewegte Wellen
sie kamen zum Ufer
gestern
war schon so weit
vielleicht
schlief nur seine Seele
weil es nicht bunt
sondern schwarz weiß

Gedankenspiel
auf den Wellen
Sonnenstrahlen kitzelten sie
die sich
durch den Wind bewegten
ansonsten
war nichts mehr wie es war

im Gefühl

fand er noch keine Lieder

doch

wann der Eine zu ihm kommt

die Antwort

lebte schon in ihm

Auf seinen Wegen

sah er oft Paare

sie hielten und erzählten sich

noch

war ein Schmerz

in ihm zu spüren

denn

was ihn quälte erzählte er nicht

Gefühle suchten Abenteuer

kam die Nacht
brach er dann auf
dort
wo die bunten Lichter
sich drehten
fand er so manche
doch die Liebe
fand er dort nicht

Auf einer Bühne
steht er nun
und singt auch seine Lieder
Menschen hören ihm nun zu
melancholisch schön
klingt die Musik
seine Blicke sinken dann
tief in seine Seele

Wohin ist sie gegangen
wo wird sie nun sein
sie war nicht
wie all die Anderen
und doch war sie nicht sein

Vielleicht

hatte er zu viel gefühlt
vielleicht
hatte er zu viel erzählt
vielleicht
wird er sie nie wieder fühlen
vielleicht
ist dass das Aus
und beim Spiel
auf dem Klavier
geht ein Raunen durch den Saal
begeisterter Applaus für ihn
der ihm doch so wichtig war

Das letzte Lied
der Nacht erklingt
und der Sternenhimmel blinkt

sein Herz

es sehnt sich doch so sehr

nach einer Nachricht

nur von ihr

zu groß die Worte

die er sprach

und so fühlt er in der Nacht

Morgen

geht er auf die Reise

und sie führt ihn

hin zu ihr

mag sein

sie liebt schon einen anderen

mag sein

das sie ihm nicht verzeihen kann

doch

er muss es einfach wissen

ob sie ihn

noch lieben kann

16

Frühmorgens
geht sie zur Arbeit
sie macht es wegen dem Geld
Sonnenstrahlen tanzen
und für sie ist die Welt
zweigeteilt

Sie braucht das Geld
für ihre Kinder
sie liebt sie wirklich sehr
doch manche Tage da fällt ihr
vieles einfach schwer

Dann träumt sie sich
auf die Bühne
mit Glitzerkleid

und Feder im Haar
sie tanzt allein
vor dem Spiegel
und sie fühlt sich
als ein Bühnenstar

Die Feder
schwingt zum Rhythmus mit
ihre Schritte
federleicht
und manchmal
da rinnt eine Träne
über ihr schönes Glitzerkleid

Auf eine Zigarette
fragte er und sie blieb
das Zimmer im blauen Nebel
Worte
die er dann noch sprach
hörte sie nicht mehr

Schweigen
hallte wider
so laut
das es durch den Nebel drang
die Glut
wohl noch nicht erloschen
und wieder
zu lodern bei ihm begann

Hinausgegangen war sie
aus dem
immer wieder
in eine Richtung
die für sie war neu
doch
hatte er es nicht verstanden
und hoffte noch immer
auf ihr Gefühl

Nur
auf eine Zigarettenlänge
war eine Zigarette
für sie zu viel
das Schweigen gebrochen
das sie so schmerzte

Worte

fanden zurück zu ihr

ich war gegangen

weil ich mich selbst genug liebte

war ihre die Antwort für ihn

Auf eine Zigarette

fragte er sie

doch für sie

war die eine Zigarette

eine Zigarette zu viel

und durch den blauen Nebel

sah er nicht

wie sie entschwand

im neonhellen Treppenlicht

❀

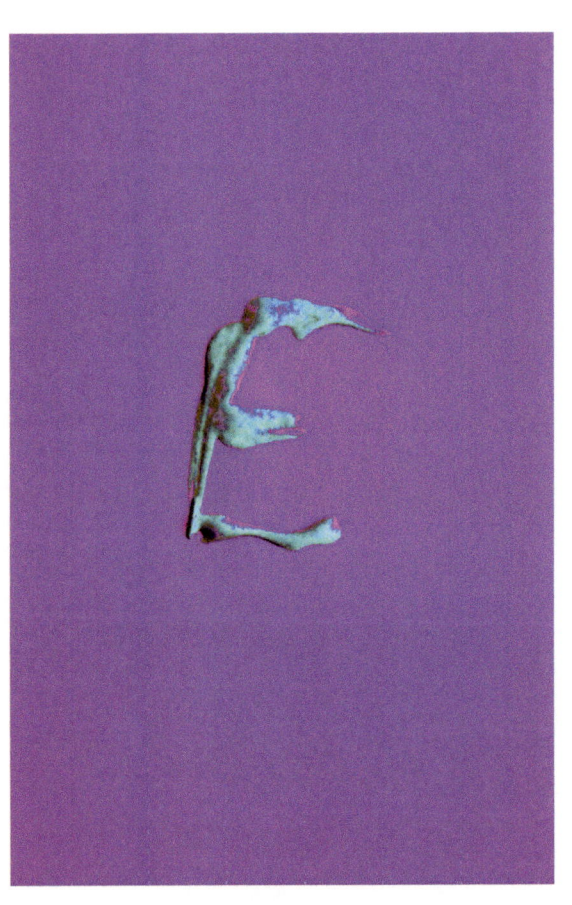

Das Fenster zum Meer
weit offen
ein weißer Fensterschal
wehte im Wind
Sonnenlicht
verwöhnte die Seelen
ihre Blicke
fielen auf die Welt

Ihre Gedanken
sanken ins Meer
seine Wellen
tanzten zum Strand
Sandburgen
schmückten diesen
doch sie

schaute zum Meeresgrund

Alte Galeeren
einst tief versunken
Seemannsgarn bunt und grau
Seemannslieder klangen wider
auf dem Meer der Ewigkeit

Alte Schätze
Edelmetall
versanken einst im blauen Meer
Münzen
Krüge
kostbare Schätze
von wo kamen sie wohl her

Gedanken
tauchten wieder auf
was durften sie so sehen
Kapitän zur See
nur ein Bild
doch wer
war dieser Mensch im Gehen

Und am Strand
standen Burgen
gar nicht so weit entfernt
nur so weit
und Gott geborgen
wie man eben sehen konnte

☸

Der Herbstwind
singt in den Blättern
und viele schweben mit ihm
sie tanzen bunt unterm Himmel
so manches Blatt findet zur Ruh

Der Himmel trägt trübe Wolken
sie reisen umher
von hier nach dort
und weinen sie laut vom Himmel
die Blätter
decken die Erde zu

Die Bäume
mit ihren stolzen Kronen
zeigen sich nackt

wie Gott gewollt
ihre Rinden
schützen ihre Seelen
an der so mancher
im Sommer gelehnt

Und fällt der Schnee
dann vom Himmel
bedeckt die Erde weit
weiße Pracht darf strahlen
manchmal
bis zur Frühlingszeit

Wenn das erste Grün sich zeigt
im frischen Frühlingswind
die Sonne scheint hell und wärmer

kommen die Menschen geschwind

Das Hoffnungsgrün
entfaltet sich
das Bunt der Blumen sprießt
ein Schmetterling
erzählt davon
der Sommer
nun auch kommt

Mit seinen Düften lädt er ein
bis zum ersten Herbstwind
zu Träumen schön
in der Natur
weil wir uns da so frei fühlen

Die Namen vergessen
Gesichter entlarvt
nichts ist geblieben
von dem was mal war

Sie wollten stagnieren
hatten beschlossen
nicht weiter zu gehen
sie hatten
noch nichts verstanden
das
konnte sie nicht verstehen

Toleranz am Boden
und doch sie leben
sie müssen wohl lernen

in Liebe zu sehen

Das Nirgendwo

wo war es nur

dort fand sich mal ein Traum

den sie so lange

nicht mehr fühlte

die Zeit ist da

es anders zu tun

Tränen schwer

verließ sie ihn

der Traum

vom Fliegen flog

sie stürzte sich in Arbeit nur

Nirgendwo

ist anderswo

Ihre Gefühle im Asyl
sie hatte gelernt
gut zu funktionieren
am Abend dann Reklamelichter
erzählten
von kalten Gefühlen

Doch dann die Suche
sie brach auf
ihren Lebenstraum zu finden
so fand sie auch
zurück zu sich
und begann zu lieben

✹

Startbahn zeigt uns grünes
Licht

wir starten nun nach Süden

alles andere interessiert uns
nicht

im Gepäck nur gute Gefühle

Und dann durch das Blau des
Himmels fliegen

den Wolken mal ganz nah

Störche sie begleiten uns

bald sind wir auch schon da

Gestern

hinter uns gelassen

das Heute

für uns zählt
Morgen
wird ein Fest uns laden
dann gibt nichts mehr
das uns fehlt

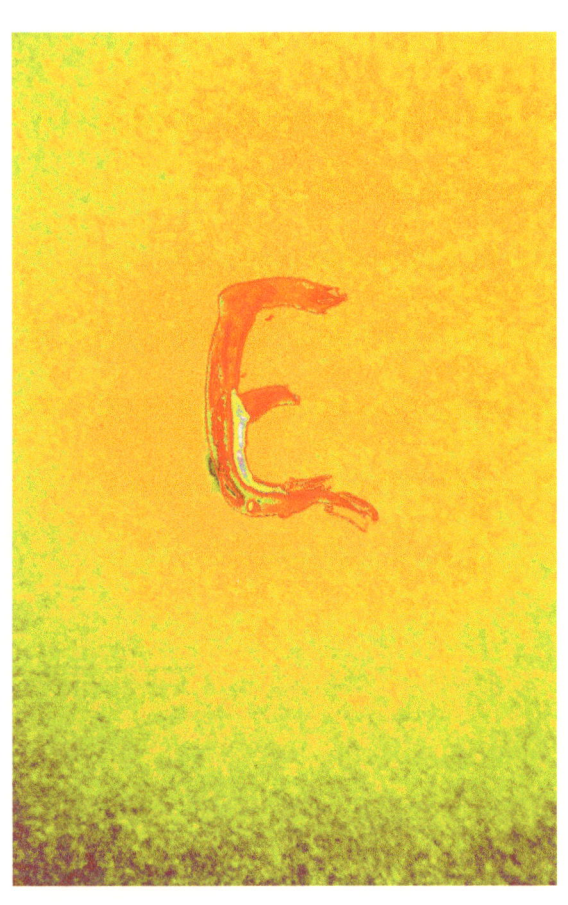

36

Kennst du das Gefühl in dir
das dir erzählt von früher
wie du die Welt in Farben gesehen
durch die vielen Engel

Kennst du den Gedanken auch
der entspringt beim Suchen
ob alles auch so stimmig ist
wenn du es hast gefunden

Kennst du wirklich
auch die Menschen
die zu dir standen
in schwerer Zeit
die deine Hand dir hielten
und eine Umarmung nie scheuten

Kennst du die Stärke tief in dir
die auch für andere mal erwacht
fühlst du dann
das sie dich brauchen
und bist du dann auch für sie da

Kennst du die Angst
die sich manchmal schon zeigte
hattest du ihr Eintritt gewährt
oder
warst du einfach gar nicht da

Kennst du die Liebe
die da wohnt im Herzen
auch in der Seele
ganz tief in ihr

fühltest du dann hoch zu fliegen
und niemals wieder
zurückzukehren

Der Tag geht schlafen
und immer noch
fährt sie auf der Straße
beladen ist ihr LKW
bedeckt durch eine Plane

Munter bleibt sie durch Musik
manchmal
singt sie Lieder
manchmal
schläft sie auch bei Nacht
manchmal
fährt sie lieber

Manchmal
denkt sie an zu Haus

bei einer großen Reise
und die Freiheit
die sie fühlt
dann
lächelt sie ganz leise

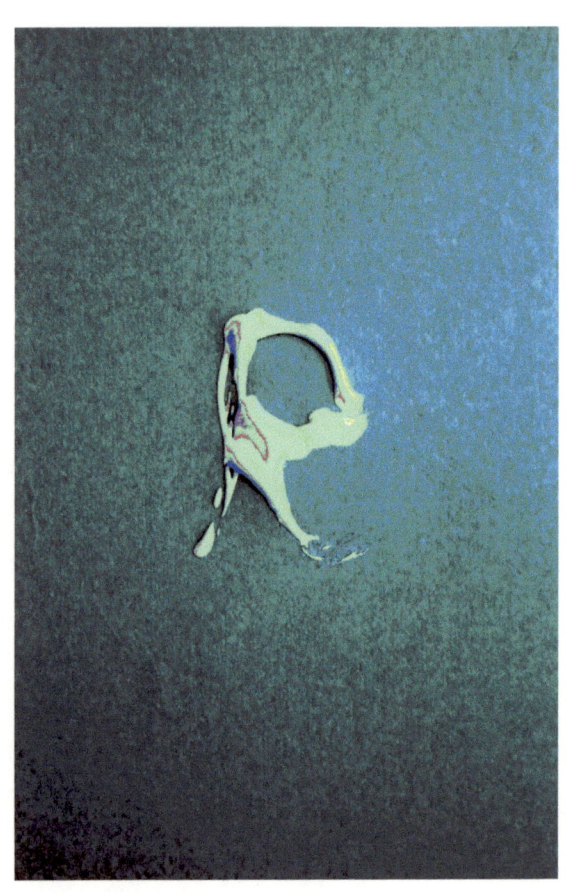

Manchmal
erreichten ihn Worte
Stimmen
aus einer Welt
die er so noch nicht kannte
und doch
waren sie ihm vertraut

Manchmal
schrieb er Lieder
Texte auf Papier
und dann spielte er lieber wieder
sein Gefühl auf dem Klavier

Manchmal
kamen Gedanken

die schwer und nicht so klar

er weinte sie

aus seinem Leben

heute

sind sie nicht mehr da

Autobahn
gen Süden und Norden
von Ost nach West
kreuz und quer
Autos fahren
zu Hauff in Scharen
Benzinduft schwebt umher

Und am blauen Himmel
zeigen sich noch
Flugzeuge immer mehr
Kerosin schwebt von oben herab
ins grüne Kleid der Erde

Weite Landschaft
für unsere Augen

und sie nehmen wahr
Bäume ohne grüne Kronen
wie das wohl so geschah

Wo ist das Grün
der Kronen hin
der Herbst
ist doch noch so weit
hat das alles einen Sinn
was wir erfinden und tun

Es gibt doch
so viele schlaue Köpfe
sie werden gut bezahlt
wo bleiben dann
die Verbesserungsvorschläge

für eine saubere Welt

48

Wirtschaftsboom
Gelder fließen
Funktionäre funktionieren
Kinder
warten auf die Väter
wer ist da der Übeltäter

Wirtschaftsboom
keiner traut sich aufzusehen
Schlips und Kragen wunderschön
und wer die Welt am Laufen hält
der verdient das Wahnsinnsgeld

Wirtschaftsboom
die Konjunktur

sie lahmt nicht mehr

doch Menschlichkeit

fehlt oft hier

doch manchmal

findet sich schon ein Engel

der an dem Weltenfaden zieht

bis in einer Chefetage

das Menschliche gesiegt

Und die Engel
singen leise
in ihren Farben wunderschön
Sonnenstrahlen
tanzen Kreise
im Rhythmus der Liebe
sind sie zu sehen

Von Träumen der Kindheit
erzählen sie leise
von bunten Farben
und schönen Feen
durch jede Zeit
begleiten sie weise
einen jeden
der sie nur rufen will

Und des Nachts
im Sternenschein
erklimmen sie jedes Fenster
nichts ist zu hoch
nichts ist zu weit
für ihre besondere Reise

Die Schreie der Kindheit
nicht mehr zu hören
das Pflaster
auf dem wir gegangen geweicht
alte Dinge
nicht irgendwo vergraben
die Seele stellte sich dem
wenn auch nicht gleich

Neues Land
dem Auge schon sichtbar
bestellt ein Beet mit Liebesduft
Steine
die zu unserem Weg
einst gehörten
erzählen von ihrer Reis

zum Licht

Und hören wir
die innere Stimme in uns
die noch vom Gestern spricht
leben wir unsere Träume
im Heute und Morgen
und so gehen wir
nicht mehr zurück

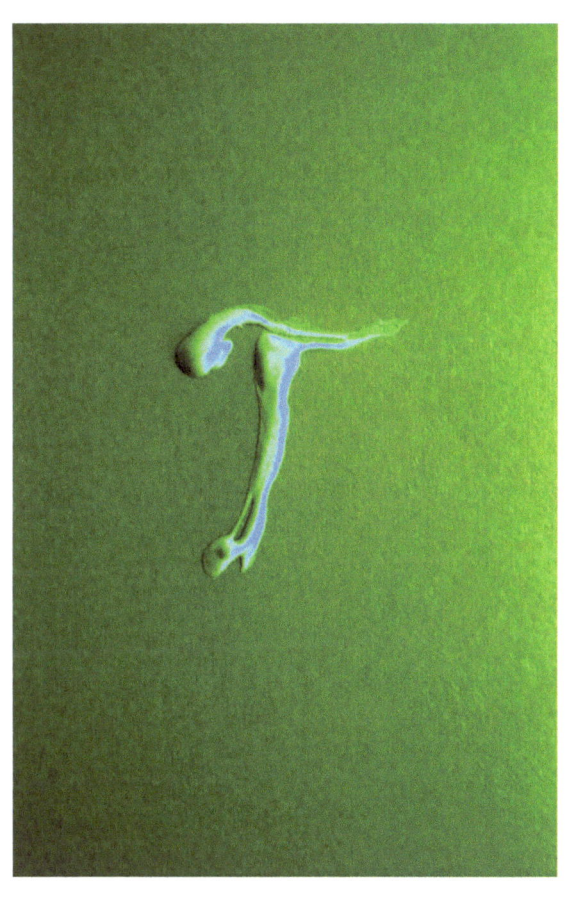

Wenn die Welt am Faden hängt
im Licht des Universums
und viele Sterne fragen sich
wann sie wieder heil wird
dann darf sie sprechen
noch einmal
damit sie nicht noch baumelt

Statt Bomben
fliegen Luftballons
in den schönsten Farben
bunte Spielzeugautos fahren
anstatt Panzerwagen

Soldat sein
sollte ein Fehler sein

den wir schnell beheben
und in den alten Schützengräben
blühen Blumenbeete

Bäume zeigen stolze Kronen
das Grün es leuchtet weit
Tiere die in ihnen wohnen
bleiben auf Lebenszeit

Muttererde überall
kein Beton am anderen
damit die Erde atmen darf
wie es auch der Mensch kann

Und wenn jeder Mensch vielleicht
mit Liebe etwas ändert

dann dauert es
sicher nicht so lang
bis die Erde wieder
am festen Seil hängt

Das letzte Wort
ein Schweigen
das Blatt Papier vor ihm
noch leer
es könnte ihr noch zeigen
was ihm fällt so schwer

Die Zeit
sie war vergangen
sie war auch gar nicht schuld
sie hatten sich wohl
nichts zu sagen
nur eine Träne
fiel auf das Blatt Papier
vor ihm

Sein Blick
war da verschwommen
die Tränen sie wurden mehr
hatte er doch angenommen
die Trennung fällt nicht schwer

Seine Gefühle
sie liesen sie ahnen
die Zeit sie war nun da
sie wird ihren Weg
ohne ihn gehen
denn er
war nicht der Mann für sie

Es schmerzte ihn in seiner Seele
die Hoffnung nun zerbrach

so hatte er doch gehofft
sein Gefühl wäre wichtig für sie

So nahm er das Papier vor sich
und gab es in ein Couvert
als Antwort
fiel noch eine Träne
dann verschloss er es ganz fest
bis er es einmal anders könnte

Und wenn ich lache
lachst du mit mir
und wenn ich strahle
strahlst du auch
und wenn ich meine
du bist mein
nimmst du mich in deinen Arm

Und wenn ich spreche
dann hörst du zu
und wenn ich schweige
dann sprichst du kaum
und wenn ich meine
wir verstehen uns
schaust in meine Augen schon

Und wenn ich zweifle
dann sprichst du mit mir
und wenn ich argumentiere
dann hältst du zu dir
und wenn ich meine
so will ich das
kommst zu mir
und machst einen Spaß

Und wenn ich ruhe
dann ruhst du auch
und wenn ich gehe
dann gehst du mit mir
und wenn ich meine
wie schön das ist
hältst du meine Hand ganz fest

Und wenn ich fliege
dann fliegst du mit mir
und wenn ich mal weine
dann tröstest du auch
und wenn ich meine
ich danke dir
dann schaust du mich an
und dann küsst du mich

Nur weil das Meer
die Tränen trank
trägt es Wellen hoch
es breitete seine Arme weit
und fing das Weinen auf

Nur weil der Himmel
sehen wollte
trägt er Sterne weit
er breitete seine Arme aus
und fing das Feuer ein

Nur weil die Erde
Leben wollte
trägt sie Menschen nun
sie breitete ihre Arme aus

und schenkte ihnen ein zu Haus

Wenn die Traurigkeit besiegt
der Winter
sich dann schlafen legt
die Gefühle
neu erwachen
tanzen Tausend Sonnenstrahlen
über einen bunten Regenbogen

Wenn das Alte
neu erwacht
das Neue
auch noch warten mag
das Gestern
doch im Heute lebt
und für Morgen sehen wir
die Tausend

Sonnenstrahlen tanzen

sind Gefühle

neu erwacht

Wenn das Morgen

noch so weit

doch Gestern

sich schon nicht mehr zeigt

Gedankenspiele

bunt und schön

zusammen mit Gefühlen gehen

dann tanzen

Tausend Sonnenstrahlen

im Heute schon

komm schau doch mal

❀

Hinter dicken Mauern geborgen
entzündet ein Licht seine Kraft
es leuchtet aus und schenkt
Hoffnung für Morgen
Gefühle suchen Ruhe sanft

Hinter dicken Mauern geboren
ein Gefühl der Liebe schon
es hat sich eingestellt im Weinen
als die Seele Trost gebraucht

Hinter dicken Mauern erfahren
das man nicht allein sein muss
dahinter findet man auch Kraft
und Liebe
vielleicht im Gebet an Gott

Viele bunte Luftballons
steigen auf zum Himmel
das Blau
es spielt mit ihren Farben
und Menschen schauen zu

Viele bunte Blumenköpfe
zieren eine Wiese
das Grün
es spielt mit ihren Farben
doch Menschen ruhen auf ihr aus

Viele bunte Gedankenkreise
spinnen sich ein Netz
das Bunt
es spielt mit diesen Fäden

bis das Gefühl es schätzt

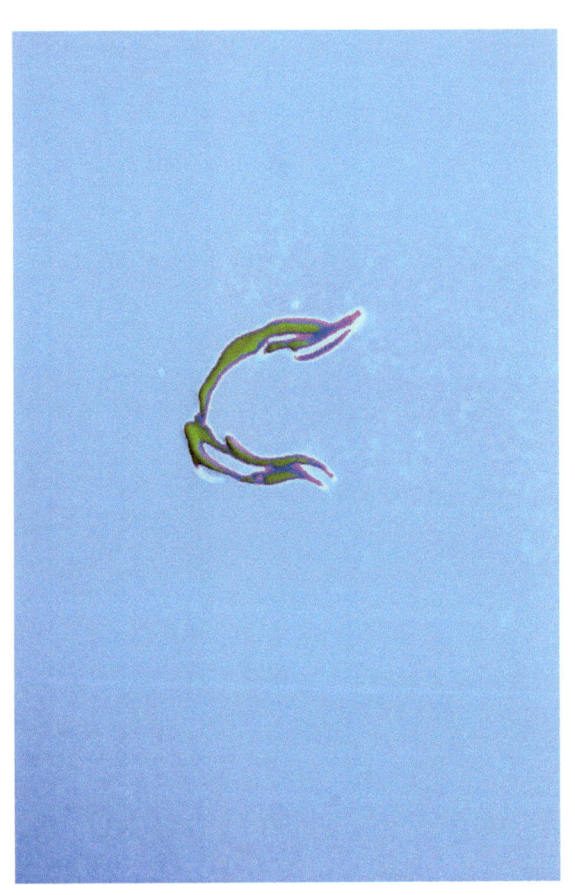

74

Das Meer
es schien unendlich
zwei Herzen
lagen am Strand
sie warteten
auf das Sternenmeer
umhüllt von warmen Sand

Die Abendsonne
sank hinab
mit ihren goldenen Strahlen
leise
küsste sie die Wellenberge
die sanft
zum Ufer kamen

Und im Dunkel
sahen sie die Sterne
ihr Licht
es spiegelte sich
es leuchtete
bis zum Meeresgrund
und Wellen brachen sich

Zwei Herzen
eng umschlungen
im Sand der Ewigkeit
sie schliefen ein und wogen sich
im Meer der Glückseligkeit

Sie tanzte durch die Straßen
Regen peitschte in ihr Gesicht
sie lachte aus der Seele
das kannte sie so nicht

Die anderen trugen Schirme
viele waren es nicht mehr
die Nacht hatte längst begonnen
doch sie zogen noch umher

Und dann traf sie doch einen
der tat es so wie sie
er tanzte auch im Regen
und fühlte sich zu ihr

So tanzten zwei im Regen

schienen sich vertraut
die anderen trugen Schirme
bis hin zum Morgengrauen

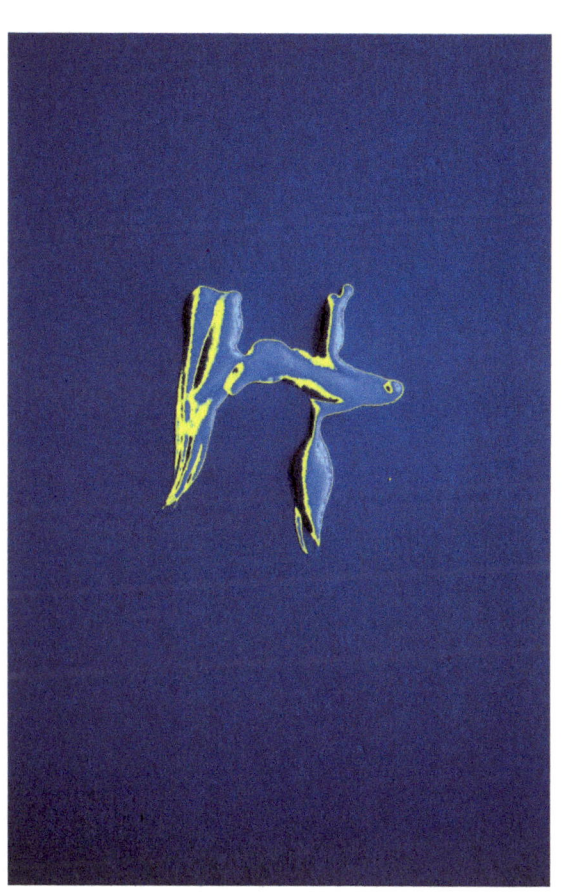

Manchmal
kommt sie leise wieder
die Erinnerung
lang ist es her
ein Feuer brannte
und Gitarre spielte er

Er sang in seinen Liedern
von Liebe und auch von Leid
er spielte so wunderschön
sie erinnert sich gerade heute

Viele hörten ihm da zu
hielten sich im Arm
und seine Blicke suchten
das von dem er sang

Manchmal

hört sie ihn noch spielen

des Nachts

wenn sie so fühlt

was ist wohl aus ihm geworden

und ob er auch noch an sie denkt

Das weite Land
liegt nun vor ihnen
der Horizont
lädt sie schon ein
ihm Nachzujagen
auf ihren Pferden
sie reiten nicht allein

Sie fliegen mit dem Winde
weit in die Prärie
keiner hält sie auf
beschützt durch ihr Gefühl

Die
die sich gern streiten
wissen um ihr Ding

sie reiten auf

seit vielen Zeiten

weil sie Helden sind

Die Sonne brannte schon einmal

rote Male in die Erde

ihre Haare

zum Zopf gebunden

wie auch Mähnen ihrer Pferde

Gern möchte ich
deine Farben sehen
lauschen
deinem Schlaf
im Arm dich halten
wenn du weinst
und dir sagen
du bist stark

Gern möchte ich
dich leben sehen
mit allem Glück der Erde
in meinen Träumen
fliegen sehen
nicht nur
wenn ich male

Gern möchte ich

verstehen lernen

warum du schon gingst

vorm Gehen

deine Antwort

habe ich nicht gehört

so ist meine Hoffnung am Leben

Die Wanderin in ihr brach auf
zu des Meeres Küste
sie wanderte durch weites Land
bis sie sich nicht mehr fühlte

Sie saß auf dem Felsen
hoch über dem Meer
und sah in die laute Brandung
dort fühlte sie ein Bild von sich
das ihr so vertraut war

Erinnerungen
brachen auf
Gesichter
bekamen Namen
sie änderte ihr Leben nun

sie fühlte
ihre Wahrheit

Die Wanderin in ihr brach auf
sie ging nun andere Wege
ihr Herz erfüllt und Seelenheil
sie fand zurück ins Leben

Weihrauchduft

zieht herüber

sie legt die Karten auf den Tisch

der Kater schnurrt

auf ihrer Schulter

"Schau mal König das gibt es
doch nicht"

Die letzte Karte aufgedeckt

ihr Lid es zuckt ganz leicht

ihr Ohrring gerade ein Spielball

der König bewegt ihn leicht

Alte Geschichten fallen raus

Neues darf nun kommen

der König schaut dem ganzen zu

und schnurrt
auch ganz benommen

Der Eremit er liegt noch da
doch sicher nicht mehr lange
"Schau König nun fühlen wir
was uns noch erwartet"

Den König aber stört es nicht
er spielt noch mit dem Ohrring
die Dame
schließt das Kartenblatt
und von ihrer Schulter
springt ihr König

Schattenbilder
an der Wand
ein Licht genügt
zum Spielen
auf den vielen Stühlen sitzen
alles liebe Seelen

Sie sehen Gutes und auch Böses
hören Worte sagen
sehen Figuren sich bewegen
durch Fingerakrobatik

Laut und leise
wird gespielt
Lachen und auch bange sein
mancher Abend

zieht so ins Land
doch der Künstler
bleibt geheim

Von Marion Jana Goeritz ebenfalls beim Verlag BoD erschienen (BoD Books on Demand, Norderstedt, nähere Informationen finden Sie unter www.BoD.de)

„Liebe für die Seele Band 1"
ISBN 978-3-7357-4045-8

„Liebe für die Seele Band 2"
ISBN 978-3-7357-7734-8

„Seelenweiß"
ISBN 978-3-7347-5769-3

„Seelen essen Liebe gern"
ISBN 978-3-7347-8706-5

„SeelenEngel"
ein spiritueller Erfahrungsbericht
ISBN 978-3-7386-2588-2

„SeelenSchlüssel"
ISBH 978-3-7386-3844-8

„Seelenfarben"
ISBN 978-3-7386-3947-6

„Seelenschimmer"
ISBN 978-3-7386-4014-4

„Seelenfinden"
ISBN 978-3-7386-4037-3

„Ein Gefühl meiner Seele"
ISBN 978-3-7386-1506-7

„Seelenfrieden" Danken, Bitten, Ent-
spannung ein persönlicher Erfahrungs-
bericht
ISBN: 978-3-7386-4884-3

„Seelenweihnacht"
ISBN: 978-3-7386-5616-9

„Im Land unter dem Regenbogen"
Wunderbare Märchen und unglaubli-
che Geschichten
ISBN: 978-3-7392-0115-3

„Freddy und seine Geschichten"
ISBN: 978-3-7386-3321-4

„SeelenWorte"
ISBN: 978-3-7392-0455-0

„Herzanker"
ISBN: 978-3-7392-3482-3

„Im Fluss der Liebe"
ISBN: 978-3-7392-3489-2

„Seelenklänge"
ISBN: 978-3-7392-3532-5

„Liebeslied"
ISBN: 978-3-7392-3548-6

„Wahre Traumtänzerin"
ISBN: 978-3-7392-3556-1

„Emilia Sommerfeld"
ISBN: 978-3-7392-3787-9

„Für mich war es Liebe"
ISBN: 978-3-8423-5362-6

„Kaleidoskop"
ISBN: 978-3-8423-5738-9

„Die verzauberte Wiese"
ISBN: 978-3-7412-0772-3

„Seelenbrücke"
ISBN: 978-3-7412-0890-4

„Wetterleuchten"
ISBN: 978-3-7412-2740-0

„Zentrifuge"
ISBN: 978-3-7412-4011-9

„Für Dich"
ISBN: 978-3-7412-4018-8

„Hannos Geschichten"
ISBN: 978-3-7412-9373-3

„Das Eulenherz"
ISBN: 978-3-7431-0009-1

„Eine Reise irgendwo hin"
ISBH: 978-3-7421-0042-8

„Ist das wirklich wahr?"
ISBN: 978-3-7431-1549-1

„Stille Momente"
ISBN: 978-3-7431-1586-6

„Engelszwirn"
ISBN: 978-3-7431-1594-1

„Anders"
ISBN: 978-3-7448-3582-4

„Wenn es spricht"
ISBN: 978-3-7448-3583-1

„Jonas und die Himmelsleiter"
ISBN: 978-3-7448-5452-8

„Farbenregen"
ISBN: 978-3-7448-5453-5

„Wellenfarbe"
ISBN: 978-3-7448-7311-6

Blanchefleur
ISBN: 978-3-7448-7415-1

„Winterzauber"
ISBN: 978-3-7448-9885-0

„Seele was denkst du dir?"
ISBN: 978-3-7448-9937-6

"Der Südwind
der aus dem Norden kam"
ISBN: 978-3-7448-8206-4

"Erinnerungsblick"
ISBN: 978-3-7460-1281-0

„Mosaik" Gefühle und Gedanken
Gedichte
ISBN:978-3-7460-1320-6

„Begegnung"
ISBN: 978-3-7460-9595-0

„Sternenozean"
ISBN:978-3-7460-9685-8

„Himmelsstern"
ISBN: 978-3-7528-5012-3

„Mut verspricht Lebendigkeit"
ISBN: 978-3-7528-5071-0

„Liebeswort-Gedichte"
ISBN: 978-3-7528-6639-1

„Wenn Schiffe wandern"
ISBN: 978-3-7528-6655-1

Weitere Informationen zu Neuerschei-
nungen finden Sie immer auf meiner
Seite

www.buchkaleidoskop.Reikipra-
xis-Goeritz.de